맑은 날도,
궂은 날도 모여
인생이
꽃피리

글 오유선

베이직북스

맑은 날도, 궂은 날도 모여 인생이 꽃 피리

초판 1쇄 인쇄 2025년 11월 21일
초판 1쇄 발행 2025년 11월 28일

글 오유선
펴낸이 고정호
펴낸곳 베이직북스
주소 서울시 금천구 가산디지털1로 16, SK V1 AP타워 1221호
전화 02) 2678-0455
팩스 02) 2678-0454
이메일 basicbooks1@hanmail.net
홈페이지 www.basicbooks.co.kr
블로그 blog.naver.com/basicbooks_
인스타그램 www.instagram.com/basicbooks_official
출판등록 제 2021-000087호
ISBN 979-11-6340-094-3 03810

ⓒ 오유선

※ 가격은 뒤표지에 있습니다.
※ 잘못된 책이나 파본은 구입처에서 교환하여 드립니다.

프롤로그

"나이, 그냥 먹는 거 아니다!"

어느 선생님께서 자주 하시는 말씀입니다. 그런 거 같습니다. 지금 이 순간까지, 지금 이 나이가 되기까지 참 많이 애쓰고 살았습니다. 귀중한 나의 인생입니다.

인생의 마무리를 어떻게 할 것인가를 고민하는 분들을 많이 뵙게 됩니다. 그런 고민을 하는 분들의 표정은 묘하게도 편안해 보입니다. 자신의 삶에 '집중'하는 분들이라 그런가 봅니다. '집착'이 아닌 '집중' 말이죠. '집착'과 '집중'을 잘 구분하고 헤아릴 줄 아는 것이 내 삶을 바로 볼 수 있는 길이라고 하는데, 정말 맞는 말입니다.

어제와 비슷한 날은 있어도, 똑같은 날은 없을 겁니다. 하늘빛, 구름 모양, 바람결도 세세히 다를 것이고, 오늘 읽은 책 한 줄, 오늘 쓴 글 한 줄이 다른 내일을 만듭니다. 작은 것 하나로도 충분히 어제와 다른 날이 펼쳐질 것입니다.

이번 책을 준비하면서 마음의 부담이 컸습니다. 이 순간에도 여러 걱정이 앞서지만, '진짜 인생은 지금부터야!'라는 어느 분의 말씀을 되새기며 용기를 내봅니다. 인생 후반전이야말로 진짜 인생을 살아볼 시간이라 더군요.

이 책이 여러분의 하루 중 '집중'의 시간에 잠시라도 함께한다면 좋겠습니다. 어제와는 다른 하루의 변화가 되기를 바랍니다. '그냥' 지금의 나이가 된 것이 아니듯, 그동안 다져진 '인생 구력'으로 '진짜 인생'을 누리셨으면 합니다.

오늘 하늘빛이 참 곱습니다. 지금 이 순간을 한 줄 글로 남기고 싶어집니다.

- 오유선

차례

| 1장 |

인생은
행복을 찾아
떠나는 여행

호사를 누리는 법 10

행복 시점은 언제부터일까 14

옷장 속에서 찾은 지혜 18

일상의 기쁨을 불러일으키는 주문 22

겨울 나비가 더 반가운 건 26

소꿉놀이하기 딱 좋은 나이 30

고요가 주는 것들을 안다면 34

나여서 해냈다 38

미처 알지 못한 복 42

아픈데도 웃는 이유 46

돈 안 되는 일이 즐겁다 50

이기적이어도 괜찮다 54

어떻게 죽을 것인가 58

| 2장 |

사람과 사람 사이, 마음과 마음 사이

당신이 필요한 이유 64

진심이어서 상처받는다 68

상대를 바꿀 수 있을 거란 기대에서 벗어나기 72

남의 말로 불행해진다면 76

굳이, 그래도 그 사이 80

다 알고 있다는 착각 84

진짜 관계를 맺고 있을까 88

받고 싶은 사랑을 준다면 92

평생 가는 사랑의 묘약 96

미운 사람에게 집착하고 있다면 100

'기대'에 기대지 말자 104

외로울 때 이런 안정제 어떨까 108

설렘을 선물하고 싶다면 112

| 3장 |

•

시간이
흐르면
자연스럽게
알게 된다

갱년기가 지나니 진짜 자유 118

인생의 환절기를 잘 보내는 법 122

돈만 있는 사람이 된다면 126

내 마음의 밭을 휘젓고 다니는 정체는 130

노년이라는 예술 작품 134

철들고 보아도 괜찮네 138

고마움을 알면 달리 보이는 것들 142

가진 것을 보게 된다면 146

인생은 결국 나를 알아 가는 과정 150

어느 시기에나 열매는 있다 154

사력을 다해야 꽃을 피울 수 있다 158

알고 보면 다 이유가 있다 162

생각이 많은 이유 166

| 4장 |

그럼에도
다시,
살아간다는 것

내 상처를 내보일 수 있다는 건 172

나는 점점 좋아지고 있다 176

할 일이 많다 180

나다운 인생을 살 수 있는 기회 184

우리는 외로움을 이길 고통이 있다 188

밀도 있게 살면 된다 192

있음과 없음 중에 196

작은 실패에 대한 용기 200

멋있게 나이 든다는 건 204

절정의 순간으로 나아가는 중이다 208

이승과 저승을 오가노라면 212

지금이 봄날이다 216

바람의 방향은 언제든 바뀔 수 있다 220

| 1장 |

인생은
행복을 찾아
떠나는 여행

호사를 누리는 법

계절의 설렘은 밥상에서 시작된다.
찾아온 계절을 입으로 먹노라면
절로 건강해지는 기분이다.

봄 햇살에 말린 취나물,
여름 햇볕에 말린 가지,
가을 햇살에 말린 고추,
겨울 햇빛에 말린 시래기.

가는 시간이야 막을 순 없지만,
말린 취나물에 가지에 고추에 시래기에
봄도 있고, 여름도 있고, 가을, 겨울도 있다.
흘러가는 계절을 그냥 보내지 않고
내 밥상에 담아 다시 꺼내 보는 삶.
이렇게 하루를 맛있게 살아 내는 것이
소박하지만 가장 진짜인 호사다.

필사문

호사를 누리는 법

가는 시간이야 막을 순 없지만,

취나물에 가지에 고추에 시래기에

봄도 있고, 여름도 있고, 가을, 겨울도 있다.

흘러가는 계절을 그냥 보내지 않고

내 밥상에 담아 다시 꺼내 보는 삶.

이렇게 하루를 맛있게 살아 내는 것이

소박하지만 가장 진짜인 호사다.

행복 시점은 언제부터일까

동네 뒷동산을 사부작사부작 걷는다.
어느새 지천으로 피어난 풀꽃에 감탄사가 절로 나오고
어딘가 숨어 우는 풀벌레를 찾아보느라
개구쟁이 시절로 돌아간다.
처음 듣는 새소리에 하늘도 올려다보게 된다.
내가 소유하지 않아도 온전히 누릴 수 있는 것들이다.

더 많은 것을 소유하기 위해
쫓기듯 살았던 젊은 시절은
나이 들어 행복하게 살기 위해서였다.
그렇다면, 행복 시점은 언제부터일까?

소유하지 않아도
일상은 넉넉해질 수 있고,
다 갖지 않아도 누릴 수 있는 것이 많다.
행복 시점을 '나중에'로 미루지 말자.

필사문

행복 시점은 언제부터일까

소유하지 않아도

일상은 넉넉해질 수 있고,

다 갖지 않아도

누릴 수 있는 것이 많다.

행복 시점을 '나중에'로 미루지 말자.

지금, 이 순간도

충분히 행복해질 수 있다.

옷장 속에서 찾은 지혜

잊고 있었던 젊은 시절을 옷장 속에서 발견한다.
오래도록 못 버리고 묵혀 두었던 이유가 뭘까.

제대로 된 옷 한 벌 없다고 한숨 쉰 날도 있었고,
싸구려 옷이 구질구질한 내 삶 같아 열이 치받기도 했었다.
살다 보니 이런 날도 온다며 축하와 기념의 순간도 있었다.
오래된 옷을 요리조리 수선하니 품에 꼭 맞는 옷이 되었다.

옷에 의해 내 삶을 평가하던 날들, 비교하던 날들을 거쳐
이제는 옷에 의연한 순간을 맞았다.

작은 옷은 넉넉히 고치고,
큰 옷은 줄일 줄 아는 것처럼
삶도 내게 맞게 다듬을 줄 아는
지금이 참 괜찮다 싶다.

필사문

옷장 속에서 찾은 지혜

작은 옷은 넉넉히 고치고,
큰 옷은 줄일 줄 아는 것처럼
삶도 내게 맞게 다듬을 줄 아는
지금이 참 괜찮다 싶다.
옷에 의연해진 마음만큼
삶도 한층 단정해졌다.

일상의 기쁨을 불러일으키는 주문

몇십 년을 형사로 현장에서 열심히 살아온 이가
일을 그만두고 이제 실컷 일상을 누려야지 했다.
그러나 쉽지 않았다, 일상의 언어로 나누는 대화가.

뱃살이 왜 안 빠지나 몰라, 이걸 먹어 봐.
올해 햇감자 맛있더라, 어디서 주문했어?
관절염에는 이게 최고래, 나도 얼마 전에 고생했었어.
명태찜 거기 맛있게 하더라, 오늘 갈래?
그 연속극 정말 재밌지? 어제 못 봤는데 어떻게 됐어?

어머 어머 어쩌 어째, 하하하하, 어머 기적이네.

공감과 교류가 쉴 새 없이 오가는 일상의 수다.
누군가에겐 그저 소리 내 웃는 대화지만
누군가에겐 오래도록 그리운 언어이고,
누리고 싶은 일상의 기쁨이다.
아무 일도 아닌 말들 속에서
마음은 조금씩, 다정하게 살아난다.

필사문

일상의 기쁨을 불러일으키는 주문

공감과 교류가 쉴 새 없이 오가는 일상의 수다.

누군가에겐 그저 소리 내 웃는 대화지만

누군가에겐 오래도록 그리운 언어이고,

누리고 싶은 일상의 기쁨이다.

아무 일도 아닌 말들 속에서

마음은 조금씩, 다정하게 살아난다.

겨울 나비가 더 반가운 건

아직 겨울인데 계절을 잊은 나비를 보았다.
집 안에 핀 꽃을 찾아온 걸까.
추위 속에 온 겨울 나비가 유난히 반가운 건
인생의 혹한기를 지내봤기 때문이다.

언제나 봄만 있는 인생은 없다.
언제나 겨울만 있는 인생도 없다.
봄과 겨울을 번갈아 반복하며 살아간다.

여러 번의 겨울을 겪으며 우리는 단단해지고 현명해진다.
그 단단함과 현명함으로
다시 오는 겨울을 잘 이겨 내게 됐다.
그리고 인생의 참 멋을 알게 됐다.
삶을 제대로 즐길 줄 알게 되었다.

추운 날에도 꽃을 찾을 수 있는
우리는 겨울 나비다!

겨울 나비가 더 반가운 건

언제나 봄만 있는 인생은 없고,

언제나 겨울만 있는 인생도 없다.

겨울을 여러 번 지나며 단단해지고,

그 단단함으로 또 다른 겨울을 이겨 낸다.

그래서 추운 날에도 꽃을 찾아 날아드는

겨울 나비가 더 반갑다.

우리도 그런 나비일지 모른다.

소꿉놀이하기 딱 좋은 나이

꽃이 예쁘게 피어서,
단풍이 곱게 물들어서,
하늘이 맑고 맑아서,
바닷바람이 그리워서,
피크닉 가방을 꺼내 든다.

집에서 챙겨 간 예쁜 그릇에
과일과 빵을 담고, 차도 따르고,

잘 접은 냅킨까지 놓고 나면,
고급 레스토랑 저리 가라다.

마음 맞는 사람들과 둘러앉아
자연이 주는 행복을 공유하다 보면
별거 아닌 말에도 웃음이 터지고
사소한 것 하나도 별일이 된다.
나이 들어 하는 소꿉놀이 재미가 쏠쏠하다.

이런 게 사는 재미지요.

필사문

소꿉놀이하기 딱 좋은 나이

집에서 챙겨 간 예쁜 그릇에

과일과 빵을 담고, 차도 따르고,

잘 접은 냅킨까지 놓고 나면

고급 레스토랑 저리 가라다.

마음 맞는 사람들과 둘러앉아

자연이 주는 행복을 나누는 시간.

지금, 소꿉놀이하기 딱 좋은 나이다.

고요가 주는 것들을 안다면

숲속에 가만히 앉아 있노라면
나뭇잎 한 장 떨어지는 소리도 무지 크다.
눈을 감고 있노라면 작은 소리마저 들리고, 보인다.

고요함이다.
고요 속에서 우리는 집중하게 된다.
내 안의 작은 소리,
내 안의 진짜 소리를 듣게 되고
자신과의 대화를 나누게 된다.

정신없이 몰아치는 전쟁 같은 삶 속에서
내 의지대로 되는 일이 없던 악조건 속에서
그래도 휩쓸리지 않고 내 자리를 지킬 수 있었던 건
고요한 시간이 견인해 준 덕분이다.
언제든 고요에 잠길 수 있어 좋다.
삶의 중심을 잡을 수 있어 좋다.

필사문

고요가 주는 것들을 안다면

고요 속에서

내 안의 작은 소리,

내 안의 진짜 소리를 듣게 된다.

정신없이 몰아치는 날들 속에서도

흔들리지 않고 나를 지킬 수 있었던 건

바로 그 고요한 시간 덕분이었다.

삶의 중심은

언제나 다시,

고요 속에서 찾아진다.

나여서 해냈다

애썼다!

여기까지 오느라 애썼다!

삶은 여의치 않았고,
가진 것은 많지 않았고,
한 고비 넘어가면 또 다른 큰 고비가 기다리고 있었지만,
천근만근 무거운 돌덩이 가슴에 턱 얹고 살았지만,
그래도 여기까지 잘 왔다.

젊은 시절의 팽팽했던 얼굴은
어느새 주름졌지만
그 주름 하나하나가 인생 훈장이다.
삶의 역사가 얼굴에 고스란히 보인다는데
거울 속의 나,
참 장하다!
나였기 때문에 할 수 있었다!

여기까지 오느라 애썼다!

필사문

나여서 해냈다

여기까지 오느라 애썼다!
무거운 날들을 견디고
고비마다 멈추지 않았기에
지금의 내가 있다.
거울 속의 나를 마주하며
말해 주고 싶다.
나여서 해낼 수 있었다고.

미처 알지 못한 복

부모님 두 분이 다 건강하게 살아 계시니
그 얼마나 복이냐고 한다.
돌아가신 부모님에 대한 그리움이 애절한 이에게
나는 복 많은 사람이다.

살면서 '나는 왜 복이 없을까' 불평한 적이 있었다.
타인과 비교하며 스스로를 초라하게 여기기도 했었다.
들여다보면 사연 없는 집 없고, 걱정 없는 사람 없거늘,
내가 가진 것을 보지 못했다.

나에게 주어진 복을 미처 모르고 살고 있진 않은가.
잠을 잘 자는 것도 복이고,
치아가 건강해 먹고 싶은 거 먹을 수 있는 것도 복이다.
내 생존을 확인해 주는 사람이 곁에 있는 것도 복이고,
나이 들어서 일할 수 있는 것도 복이다.

내 복을 아는 것이야말로 복이다.

필사문

미처 알지 못한 복

나는 복 많은 사람이다.

돌아가신 부모님을 그리는 이의 말에

그제야 내 곁에 계신 부모님이 새삼 고맙다.

잠을 잘 자는 것도 복이고,

먹고 싶은 것을 씹을 수 있는 것도 복이다.

내 곁의 소중한 이들이

당연하지 않음을 알 때,

비로소 내 복을 알게 된다.

아픈데도 웃는 이유

아고 허리야, 아고 다리야
아파, 아파 하는 곡소리를 내면서도
오늘도 여지없이 라켓 들고 코트로 향한다.

그런데 운동을 시작하는 순간
거짓말처럼 아픈 걸 잊는다.
마법이 시작된 걸까?
좋아하는 걸 하면 생기는 마법이다.
웃음 버튼이 수시로 눌린다.

사는 게 재미없다면
진짜 좋아하는 일을 찾지 못해서 아닐까.
주어진 삶을 사느라
해야만 하는 것들을 하느라 그럴 수 있다.

늦지 않았다.
내가 진짜 좋아하는 일을 찾는 것에서부터
인생의 재미는 시작된다.

필사문

아픈데도 웃는 이유

좋아하는 걸 하면 생기는 마법이 있다.

아파서 신음하던 몸도,

운동을 시작하는 순간 거짓말처럼 웃는다.

사는 게 재미없다면

진짜 좋아하는 일을

아직 찾지 못해서일지도 모른다.

늦지 않았다.

그 마법은

지금부터 시작할 수 있다.

돈 안 되는 일이 즐겁다

"지금 우리가 돈을 벌어야 하는 이유는
나이 들어서 돈 안 되는 일을 하기 위함입니다."
어느 강연 내용을 듣다가 무릎을 탁 쳤다.

젊은 시절엔 돈 때문에 좋아하는 걸 못 즐겼다.
당장 직면한 생계 문제와 여러 현실로
진짜 돈 버는 일에만 집중해야 했다.

여유의 기준은 각자마다 다르겠지만,
내가 무엇을 위해 그동안 열심히 일만 했나
헛헛함이 밀려온다면
돈 때문에 포기했던 것들을 떠올려 보자.

돈이 안 되는 일을 눈치 보지 않고 할 수 있다면
인생이 가뿐해지지 않겠는가.
돈 안 되는 일을 맘껏 할 생각에 즐겁다.

필사문

돈 안 되는 일이 즐겁다

'돈 안 되는 일'을

눈치 보지 않고 할 수 있다는 것.

그 자체로 가뿐한 일이다.

젊을 땐 생계에 밀려

좋아하는 걸 미뤘지만,

이제는 돈이 안 돼도

즐겁게 할 수 있다.

그게 여유다.

그게 진짜 나를 위한 시간이다.

이기적이어도 괜찮다

어떤 선택의 순간이 온다면
오로지 자신만을 위한 결정을 내리라고 한다.
그러고 보면 눈치 보거나 여러 이유로
정작 나만을 위한 선택을 못 했었다.

내 삶의 기준이 타인이 되면 결국 후회가 많아진다.
후회가 없어야 온전한 내 삶을 살 수 있다.
그래야 내가 행복할 수 있다.
누구 덕분에 내 삶이 행복해지기는 어렵다.

나의 삶이 진짜 나를 위한 삶인지

나의 고통이 남으로 인한 건 아닌지

나의 행복을 남에게서 기대하고 있는 건 아닌지

곰곰이 되짚어 본다.

필사문

이기적이어도 괜찮다

내 삶의 기준이

타인이 되면

결국 후회가 많아진다.

눈치 보며 미뤄 왔던

나만을 위한 선택.

이제는 나를 위해

조금 이기적이어도 괜찮다.

그래야

진짜 나의 삶을

살 수 있다.

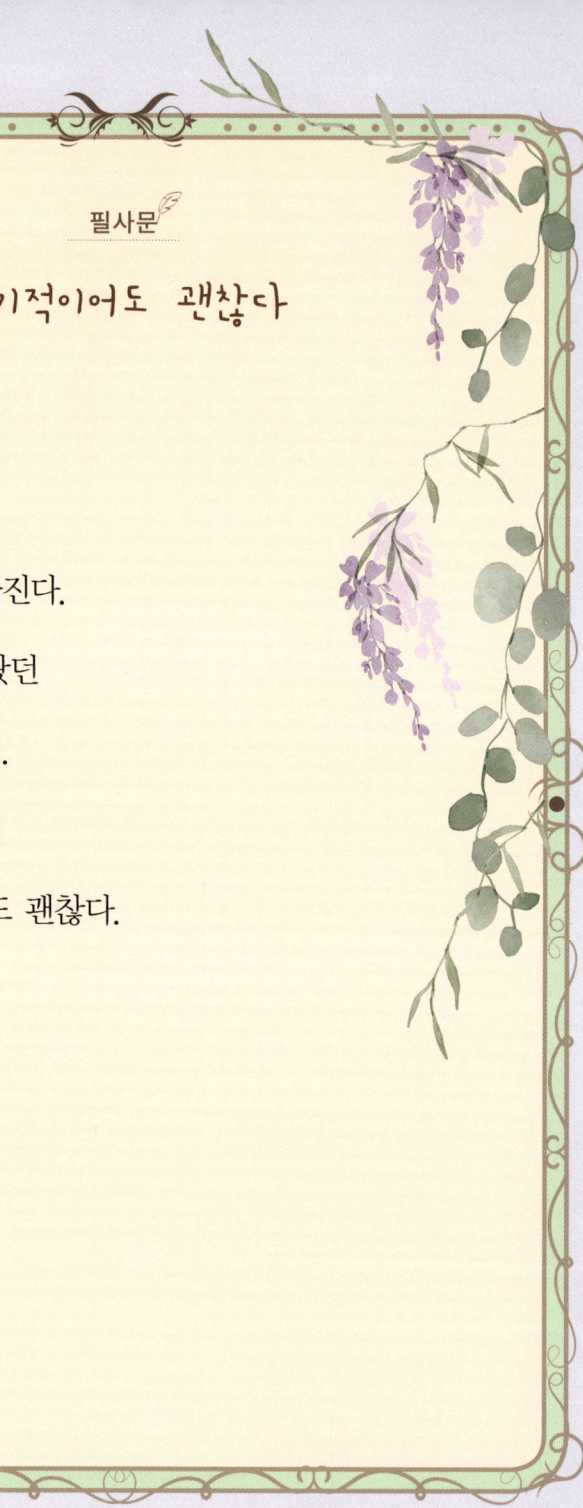

어떻게 죽을 것인가

미래가 불투명해 불안하다지만
확실한 미래도 있다.
인간은 다 죽는다는 것!
그래서 삶의 한쪽엔 '메멘토 모리(Memento Mori)',
죽음에 대한 의식이 있어야 한다.

인생의 후반부에 가까워지면
'어떻게 죽을 것인가'에 대한 질문이 필요하다.
조지 버나드 쇼의 "우물쭈물하다 내 이럴 줄 알았다."는
묘비명은 인생이 순식간에 지나감을 강조한다.

마지막이 좋으면 모든 것이 다 좋은 법이다.
인생의 정점은 후반부에 있다.
그동안 축적된 삶의 경험들로
진짜 인생을 살아 볼 기회다.
'어떻게 죽을 것인가'는
그래서 가장 행복한 인생 계획이다.

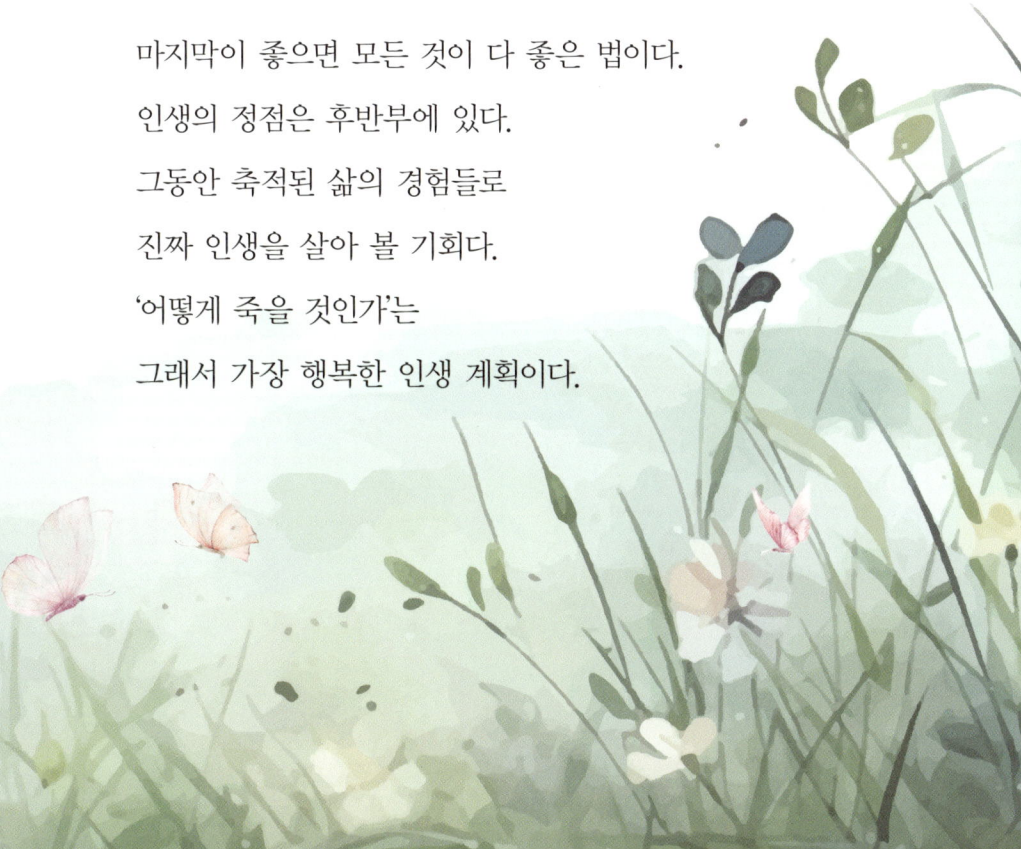

필사문

어떻게 죽을 것인가

"어떻게 죽을 것인가?"

인생의 후반부에 꼭 필요한 질문이다.

확실한 미래란,

인간은 누구나 죽는다는 것!

그렇기에 죽음을 의식하는 일은

지금을 더 잘 살아가기 위한 시작이다.

마지막이 좋으면

모든 것이 다 좋다고 했다.

죽음을 생각할수록

삶은 더욱 선명해진다.

| 2장 |

사람과
사람 사이,
마음과
마음 사이

당신이 필요한 이유

나이를 먹을수록 존재감이 없어지는 것 같아
초라해진다는 토로를 종종 듣는다.

당신만 모르는 사실이 있다.

뭐라도 하고 싶어 애쓰는 이를 위해
당신은 그들의 말을 들어 줄 수 있는 사람이고,

이 세상에 겨우겨우 매달려 살고 있는 이를 위해
당신은 그들의 손을 잡아 줄 수 있는 사람이고,
외로움에 무너질 것 같은 이를 위해
당신은 웃어 줄 수 있는 사람이다.

그런 사람이다, 당신은.

당신은 그런 '어른'이다.

필사문

당신이 필요한 이유

초라하다고 느낄 때가 있겠지만,

당신만 모르는 사실이 있다.

힘겨운 이의 말을 들어 주고,

겨우겨우 버티는 이의 손을 잡아 주고,

외로움에 무너지는 이에게 웃어 줄 수 있는 사람.

그 다정한 마음으로,

누군가의 삶을 조용히 밝혀 주는 존재.

당신은 그런 어른이다.

진심이어서 상처받는다

늘 신경이 쓰여 더 챙기고 더 잘해 줘도
내 맘같이 돌아오진 않는다.
가족일수록 더 그렇다.
어떻게 그런 태도를 보이는지,
어떻게 살갑게 말 한마디 안 하는지
돌아서서 아플 때가 많다.

진심이어서 그렇다.
상대를 위한 나의 마음이 진심이어서 상처받는다.
상처받으면서도
그래 잘 살기만 해라 그거면 된다고 걱정하는,
못 말리는 이 마음은,
뿌리 깊은 진심이어서 그렇다.

내가 더 사랑해서 그렇다.

필사문

진심이어서 상처받는다

돌아서서 아플 때가 있다.

진심으로 챙기고, 더 잘해 주려 했는데

그 마음이 닿지 않을 때.

"상대를 위한 나의 마음이 진심이어서 상처받는다."

이 한마디가 마음에 오래 남는다.

가족이라서 더,

사랑해서 더,

진심이어서 더 그렇다.

상대를 바꿀 수 있을 거란 기대에서 벗어나기

사람이 사람을 바꾸기는 쉽지 않다.
몇십 년을 함께 살아도 그렇다.

내가 바꿀 수 있을 거라고,
나로 인해 바뀌게 될 거라고,
그렇게 만들 거라고 다부지게 시작해도 쉽지 않다.
'구원'과 '구제불능' 사이에서 지쳐 간다.

바꿔 보려고 안간힘을 쓰는 것이

혹여 나를 잃고 끌려가고 있는 삶은 아닌지,

혹여 바꿔야만 내가 성공한 삶이라고 여기는 건 아닌지.

잠시 멀리 떨어져서

인생 전체를 보아야 할 때이다.

필사문

상대를 바꿀 수 있을 거란
기대에서 벗어나기

사람이 사람을 바꾸기는 쉽지 않다.

몇십 년을 함께 살아도 그런 일은 드물다.

내가 바꿔야 한다고, 바꿀 수 있다고

안간힘을 쓰다 보면

어느 순간 나는 사라지고 없을 수도 있다.

어쩌면 지금 필요한 건

잠시 멀리 떨어져서

인생 전체를 다시 바라보는 일이다.

남의 말로 불행해진다면

혹 지금의 괴로움이
누군가의 말 한마디 때문인가.

마음의 근육이 약해졌을 때는
남의 말 한마디에 불행해지기도 한다.
대수롭지 않게 넘겨도 될 것에 매여
불행에 가속도가 붙는다.

누군가의 못된 말은

그 사람의 본질을 보여 주는 것일 뿐

나를 해할 수는 없다.

약해진 마음의 근육을 단단히 해야 한다.

마음의 힘이 있어야

남의 말을 걷어 내고 걸러 낼 수 있다.

필사문

남의 말로 불행해진다면

마음의 근육이 약해졌을 때는

남의 말 한마디에 불행해지기도 한다.

대수롭지 않게 넘길 것을

굳이 마음에 담으며 상처 입는 날들.

누군가의 못된 말은

그 사람의 본질일 뿐

나를 해칠 힘은 없다.

내 마음의 힘을 단단히 키워야 한다.

걷어 낼 말은 걷어 내고,

걸러 낼 말은 걸러 낼 수 있도록.

굳이, 그래도 그 사이

'굳이'와 '그래도'가 갈등한다.

굳이 이렇게까지 해야 할까.
그래도 해야 하는 거 아닐까.
관계를 가늠하는 일이 많아진다.
어느 날은 '굳이'로 기울고
또 어느 날은 '그래도'로 기운다.

누군가도 나에 대해 이런 가늠을 하고 있겠지.
조금 손해 보는 것 같아도
조금 더 베풀며 사는 게 괜찮겠다.

내 도리만은 다하자고,
언젠가 부끄러워지지 말자고,
내 속 편하게 살자 한다.
그러다 상대가 너무한다 싶으면
미련 없이 마음을 거두면 되겠지 한다.

필사문

굳이, 그래도 그 사이

어느 날은 '굳이'로 기울고,

또 어느 날은 '그래도'로 기운다.

갈등 속에서도 나를 다잡는다.

조금 손해 보는 것 같아도

조금 더 베풀며 사는 게 괜찮겠다.

내 도리만은 다하자고,

언젠가 부끄러워지지 말자고,

내 속 편하게 살자 한다.

다 알고 있다는 착각

오늘 아침,
화분에 물을 주다 방향을 돌려놔 봤다.
그랬더니 전혀 다른 모습이 나온다.
또 다르게 돌려놓아 보니 또 다르다.
그동안 한 면만 보아 온 게
어째 미안해진다.

사람에 대해서도 그랬나 싶다.
어느 한 면만 보면서
줄곧 다 안다고 여긴 건 아닌지,
미처 몰랐을 뿐인데
생소하다고 돌아선 건 아닌지,
일부러 한 면만 고정해 놓았던 건 아닌지.

이해 못 하는 부분만 부여잡고 속 탈 때는
잠시 상대의 화분을 돌려놓아 보는 건 어떨까 한다.
우리는 가끔 '다 안다'고 여겨 관심을 소홀히 한다.
정말 다 알고 있을까.

필사문

다 알고 있다는 착각

화분을 돌려놓자

전혀 다른 모습이 보였다.

그제야 한 면만 보아 온 것이 미안해졌다.

사람도 그랬던 건 아닐까.

어느 한 면만 보고

다 안다고 여긴 건 아니었을까.

정작 몰랐던 면은 애써 외면한 채.

가끔은 화분을 돌려 보듯

내 시선도 돌려 볼 일이다.

진짜 관계를 맺고 있을까

평소 꽤 친한 사이라고 여겼던 이가
나의 성공을 진심으로 반기지 않는 걸
느낀 적이 있을 것이다.

"우리 집 송아지 태어난 것보다
옆집 송아지 죽은 게 더 기쁘다."라는
옛말처럼 사람은 남의 불행에
기쁨을 느끼기도 한다.

진짜 관계란 어떤 걸까.
상대의 기쁨에 진짜 기뻐할 수 있는 것.
그 순간이 얼마나 바라던 것인지
진심으로 축하할 수 있는 것.

단 한 사람이어도 이런 관계가 있다면
그것만으로도 충분하다.

필사문

진짜 관계를 맺고 있을까

상대의 기쁨에

진짜 기뻐할 수 있는 것.

그 순간이 얼마나 간절했는지

진심으로 축하할 수 있는 것.

단 한 사람과라도

그런 마음을 주고받고 있다면,

우리는 지금

진짜 관계로 살아가는 중이다.

받고 싶은 사랑을 준다면

60대의 그녀는 시어머니에 대한 애정이 각별하다.
서로가 잘한다 해도 어려운 관계가 고부 사이인데
각별함의 이유가 뭘까?

시어머니는 자신이 받고 싶은 사랑을 주신다는 거다.
그러니 자신의 마음이 깊어질 수밖에 없다고.

사람은 제각각 여리고 아픈 부분이 다르다.
물질적인 것과 정서적인 것의 우위도 다르다.
각자의 결이 다르다.

내가 주는 사랑의 크기만큼
상대가 못 느끼는 것 같다면
내 만족을 위한 사랑을 주고 있을 수도 있다.
가끔 우리는 주는 사랑에 도취되곤 한다.

받고 싶은 사랑을 주는 것.
각별해지는 데는 이유가 있다.

필사문

받고 싶은 사랑을 준다면

받고 싶은 사랑을

그대로 줄 수 있다면,

그 사랑은 오래 기억된다.

내 만족이 아닌

상대의 마음을 헤아려 내민 마음은

결국, 서로를 각별하게 만든다.

그렇게 주고받는 사랑엔

이유가 있다.

평생 가는 사랑의 묘약

언제 보아도 금슬 좋은 부부가 있어
그 비결을 물었다.
부부의 대답은 '말을 곱게 쓰는 것'이었다.

살다 보면 미울 때도 있고 부딪칠 때도 있는데
말이 그 미움을 더 부채질하기도 하고 사그라지게도 한다.
관계 회복, 애정 회복은 '말' 속에 답이 있다.
말이 예쁘면 다 예쁘다.
말이 고우면 다 곱다.

'한때 좋았다'고 과거형으로 사랑을 남겨두기엔 아쉽다.
나의 '말'에 꽃이 피면 사랑도 만개하리라!

평생 가는 사랑의 묘약

관계 회복, 애정 회복은

'말' 속에 답이 있다.

말이 예쁘면 다 예쁘다.

말이 고우면 다 곱다.

'한때 좋았다'로 남기기엔

사랑은 아직 현재진행형이다.

미운 사람에게 집착하고 있다면

미운 사람으로 괴로운 시간을 보내고 있을 때
뇌리를 친 말이 있다.
"좋은 사람 백 명보다
나를 괴롭히는 사람 한 명 없는 게 훨씬 낫다."

미운 사람을 머릿속에 품고
이겨 내 보겠다고 별별 거 다 하느니
그 사람을 지워 버리는 것이
진짜 평온을 찾는 길임을 깨닫는다.

미운 사람에게 집착하느라 내 영혼을 괴롭히느니
나에게 집중하는 것이 어떨까.
미워하는 사람에 대한 최고의 복수는 용서라고 하지만
그 경지까지는 미뤄 두고
지금부터는 오로지 나에게만 집중하는 삶을 살아 보자.

필사문

미운 사람에게 집착하고 있다면

"좋은 사람 백 명보다

나를 괴롭히는 사람 한 명 없는 게 훨씬 낫다."

미운 사람에게 집착하느라

내 영혼까지 괴롭히기보다,

이제는 오로지

나에게 집중해 보자.

'기대'에 기대지 말자

사람인지라,
내준 것이 있으면 받게 될 것을 기대하게 되고
해 준 것이 있으면 갚아 줄 것을 기대하게 된다.

내가 어떻게 키웠는데,
내가 어떻게 도와줬는데.

지난날의 나의 희생이 억울하더라도
상대에게 보답을 '기대'하는 순간
나의 삶은 상대에게 맡기는 것과 같으니
'기대'에 기대지 말자.

그저 내가 좋아서 한 일이라고,
그걸로 된 거라고.
쉽지 않은 결심 같지만
쉽게 살아가기 위한 처방이다.

필사문

'기대'에 기대지 말자

'기대'에 기대지 말자.

그저 내가 좋아서 한 일이라고,

그걸로 된 거라고.

쉽지 않은 결심 같지만,

조금은 가벼워지고 싶을 때

스스로에게 내리는 삶의 처방이다.

외로울 때 이런 안정제 어떨까

동네 카페에 앉아 있노라면
홀로여도 사람 구경에 시간 가는 줄 모른다.

창밖으로 스치는 각양각색 사람 구경도 재밌고,
카페 안에서 들리는 다양한 대화로 요즘 세상도 알게 된다.
초보 알바생의 실수도 알게 되고,
카페 주인장의 고단함도 보게 된다.
나와 같은 처지의 사람도 보게 되고,
내 반대편의 입장에 있는 사람도 보게 된다.
세상의 축소판이다.

나 홀로인 것만 같아 외로운 날,
오늘처럼 사람들을 관찰하다 보면
어느새 몽글몽글 사람 재미에 빠진다.
살짝 훈수 두고 싶은 오지랖도 생긴다.
외로울 때 찾아가는 곳을 만들자.

그곳 생각만 해도 세상과의 거리가 좁혀지고
신경 안정제가 될 것이다.

필사문

외로울 때 이런 안정제 어떨까

나 홀로인 것만 같아 외로운 날,

동네 카페에 앉아 사람 구경을 하다 보면

어느새 몽글몽글 사람 재미에 빠진다.

나와 같은 처지의 사람도,

내 반대편의 입장에 있는 사람도 보며

세상 속 하나의 점으로 나를 놓아 본다.

그렇게 외로움은 조금씩,

사람 냄새에 눅눅히 녹아 간다.

설렘을 선물하고 싶다면

매일 같은 시간에 전화를 해 보세요.
일주일만 해도 상대는 그 시간이 되면
당신의 전화를 기다립니다.

기다림은 설렘입니다.
설렘을 선물하는 일,
어떤 선물보다 괜찮은 선물입니다.

와야 될 시간에 전화가 오지 않는다면
상대는 무슨 일인가 궁금해지겠죠.
그리고 먼저 전화를 걸어 올 겁니다.

"무슨 일 있어요?"

매일 같은 시간에 전화를 해 보세요.
마음의 해방구를 찾을 수도,
대화의 기쁨을 얻을 수도,
또 모를 일들이 많이 벌어질 수 있습니다.

필사문

설렘을 선물하고 싶다면

"기다림은 설렘입니다."

매일 같은 시간에 걸려 오는 전화 한 통.

그 짧은 반복이 마음에 자리를 만들고

기다림을 선물로 남긴다.

와야 할 전화가 오지 않으면

자기도 모르게 손이 먼저 간다.

"무슨 일 있어요?"

그렇게, 마음이 오간다.

설렘은 그렇게 시작된다.

| 3장 |

시간이
흐르면
자연스럽게
알게 된다

갱년기가 지나니 진짜 자유

갱년기를 지나면서 겪는 호르몬의 변화가
여성으로서의 삶의 단락이 끝나는 것만 같아
씁쓸하다고들 한다.
진짜 그럴까.

그녀는 그렇지 않다고 한다.
어떻게 하면 매력 있게 보일까
이성에 대한 분주한 마음에서 해방되니
진정한 자유를 얻은 것 같다고.

그녀는 맨발로 어디서든 춤을 춘다.
주름진 얼굴과 손발을 꾸밈없이 드러내고
자유롭게 춤을 춘다.
한쪽 문이 닫히면 다른 한쪽 문이 열린다고 하지 않나.
갱년기는 그 어떤 것에도 속박되지 않고
영혼의 춤을 출 수 있는 아름다운 시간이다.

필사문

갱년기가 지나니 진짜 자유

한쪽 문이 닫히면

다른 한쪽 문이 열린다고 하지 않나.

갱년기를 지나며

더는 어떤 시선에도 속박되지 않고

주름진 얼굴, 맨발의 춤으로

자유를 만끽하는 시간.

이제야 진짜 나로 살 수 있는

아름다운 자유가 온다.

인생의 환절기를 잘 보내는 법

누구나 생애 한 번쯤은 전환기를 맞이한다.
몸의 변화를 느낄 때마다
그것이 피할 수 없는 순리임을 자연스레 받아들이게 된다.

몸의 기능이 눈에 띄게 쇠퇴하는 시점,
그것이 바로 인생의 환절기다.
계절이 바뀔 때마다 감기를 앓으며
내 몸의 반응을 터득해 왔듯이
이제는 그 내공이 내 안에 자리 잡고 있다.

환절기가 지나면 계절이 뚜렷해지는 것처럼
인생의 환절기 또한 그동안 쌓아온 내공으로
보듬어 나가다 보면
분명 멋진 전환의 순간을 맞이할 것이다.

필사문

인생의 환절기를 잘 보내는 법

환절기가 지나면

계절이 더욱 뚜렷해지듯,

인생의 환절기 또한

그동안 쌓아온 내공으로

조용히 보듬어 나간다면

분명 멋진 전환의 순간이 올 것이다.

지금 이 변화의 시기를

충분히 받아들일 용기가 내 안에 있다.

돈만 있는 사람이 된다면

92세 할머니의 일상 루틴을 찍은 영상을 봤다.
할머니는 매일 종이 신문을 읽고
칼럼은 따로 오려 붙인 후 소리 내서 읽는다.
숫자 퀴즈도 푸는데 답안지는 오려서 정리해 놓는다.
그날의 점수 기록과 함께.
최근에는 자수를 배웠으며
내년까지 완성을 목표로 하고 있다.

읽고, 풀고, 기록하고, 새로운 걸 배우고.
할머니의 하루는 누구보다 알차다.
"아직도 할 일이 많은데 시간이 없다."며
활짝 웃는 할머니를 보면 뭉클해진다.

나이 들어선 '돈' 있는 것이 최고지 한다.
그런데 '돈만' 있는 경우가 있다.
건강한 삶이란 어떻게 사는 걸까.
지금 내가 '돈만'을 갈구하며 살고 있지는 않은지,
매일매일의 나를 기록해 보는 것은 어떨까.

필사문

돈만 있는 사람이 된다면

"아직도 할 일이 많은데 시간이 없다."며
활짝 웃는 92세 할머니의 하루는
읽고, 풀고, 기록하고, 배우는 일로 꽉 차 있다.
나이 들어선 돈 있는 게 최고라 하지만
'돈만' 있는 삶은 얼마나 허전할까.
건강한 삶이란 무엇인지
나는 오늘 어떤 시간을 보내고 있는지
조용히 기록해 보는 것도 좋겠다.

내 마음의 밭을 휘젓고 다니는 정체는

산짐승들이 밭을 다 망쳐 놓는 통에
울타리를 높게 쳐 막아 보려 한다.
그런데 더 큰 문제가 생긴다.
산짐승이 울타리를 넘어 들어가더니
결국엔 나오지 못해
온 밭을 다 망가뜨린 것이다.

막으려고 쳐 놓은 울타리가
더 큰 화를 불러온 격이다.

이러지도 저러지도 못할 때가 있다.
마음도 그러하다.

분노를 막기 위해 점점 더 높이 담장을 쌓았는데
그 '분노'가 이미 담장 안에 들어와 있을 때.
그래서 다른 어떤 좋은 감정들이 드나들지 못하고
'분노'하고만 갇혀 있을 때.
매일이 괴로움이다.

담장 안의 실체를 파악하는 게 우선이다.
내 마음의 밭을 휘젓고 다니는 것이 무엇인지 말이다.

필사문

내 마음의 밭을 휘젓고 다니는 정체는

분노를 막기 위해 쌓아 올린 담장 안에

정작 분노가 먼저 들어와 있었다.

좋은 감정은 드나들 틈이 없고,

마음은 분노와 함께 갇혀 버렸다.

담장을 높이 쌓는 것보다

지금 내 안에서 날뛰는 감정의 정체를

먼저 알아차려야 한다.

내 마음의 밭을 망치는 것이

과연 바깥에서 온 것인지, 안에서 자란 것인지.

노년이라는 예술 작품

"아름다운 젊음은 우연한 자연 현상이지만,
아름다운 노년은 예술 작품입니다."
미국의 32대 대통령 프랭클린 루스벨트의 아내
엘리너 루스벨트의 말이다.

젊음은 거저 주어졌었고
젊다는 것만으로도 충분히 아름다웠다.
그러나 나이를 먹게 되면서 알게 된다.
노년의 아름다움에는 거저도, 우연도 없다는 것을.

삶의 태도와 자세,
타인을 향한 마음과 생각,
욕심과 나눔, 질투와 기쁨,
이 모든 것들이 표정과 몸짓과 얼굴에 새겨진다.
노년의 얼굴엔 삶의 서사가 있다.
노년의 얼굴엔 삶의 결이 있다.

지금, 나는 어떤 예술 작품을 만드는 중인가.

필사문

노년이라는 예술 작품

"아름다운 젊음은 우연한 자연 현상이지만,

아름다운 노년은 예술 작품입니다."

삶의 태도와 마음,

욕심과 나눔, 질투와 기쁨,

그 모든 것이 표정과 몸짓에 새겨진다.

노년의 얼굴엔

시간이 만든 서사와

한 사람의 결이 담긴다.

지금, 나는 어떤 예술 작품을

완성해 가는 중일까.

철들고 보아도 괜찮네

철철이 예쁜 곳도 많고,
전국 팔도 좋은 곳은 더 많다.
가는 곳마다 북적이는 사람들을 보며
이렇게 즐기고들 사는구나,
나는 왜 이제야 와 보나,
뭐 그리 빡빡하게 살았을까 싶다.

늦바람인지, 처음 난 바람인지 몰라도
늦은 나이에 사는 게 재미지다.
젊은 날 못 해 보고 안 가 본 곳이 많아
하루하루가 바쁘다.

그래,
철들고 봐도 늦지 않다.
철들고 보니 더 소중하다.
철들고 보니 더 값지다.
철들고 보니 서사가 있다.

철들고 감탄할 게 많으니
마음도 말랑말랑해진다.

필사문

철들고 보아도 괜찮네

그래, 철들고 봐도 늦지 않다.

철들고 보니 더 소중하고,

철들고 보니 더 감탄할 것들이 많다.

젊은 날 미처 못 가 본 곳들을

이제야 마주하며,

하루하루가 새롭다.

늦은 바람일지라도,

지금의 나는 참 괜찮다.

고마움을 알면 달리 보이는 것들

동네 뒷동산을 산책하다
풀꽃 앞에 앉아 있는 어르신을 봤다.
뭘 하시나 봤더니
"올해도 볼 수 있어 고맙습니다."
라고 두 손 모아 인사 중이셨다.

'예쁘다'라고 바라보긴 했지만
'고맙다'라고 인사하진 못했었다.
어르신처럼 주위를 둘러보니
고마워할 게 참 많다.
그냥 주어지는 게 아니었다.

고맙습니다!

고마움으로 걷는 길은 새롭다.
고마움으로 바라보면 소중해진다.
고마움의 태도로 받아들이면 가치 있어진다.

필사문

고마움을 알면 달리 보이는 것들

"고맙습니다."

어르신의 한마디 인사에

길가 풀꽃도 특별해졌다.

예쁘다고만 생각했지

고맙다고 인사한 적은 없었는데,

주위를 둘러보니

그냥 주어지는 것은 하나도 없었다.

고마움으로 걷는 길,

그 길이 새롭다.

가진 것을 보게 된다면

다 가진 사람은 없어도
가진 게 없는 사람은 없다.

목소리 하나로 평생 노래를 업으로 산 이,
근면함으로 직장 생활을 잘한 이,
타고난 체력으로 밤샘 일을 잘한 이,
심성, 인물, 친화력, 글쓰기, 공부머리, 부동산을 보는 눈 등등
하나의 재능은 다 있었고 생계 밑천이기도 했다.

인생의 절반을 지난 지금 내가 가진 것은 무엇일까.
별것 아닌 것 같아도 별것이 되는 세상,
재능이라고 부르면 재능인 것들이 많다.
어떻게 활용할 것인가 연구하다 보면
내 길도 따라서 보인다.
두 번째 삶을 위한 훌륭한 자원을
분명 가지고 있다.

필사문

가진 것을 보게 된다면

다 가진 사람은 없어도

가진 게 없는 사람은 없다.

별것 아닌 것 같았던 것도

다시 들여다보면 삶의 자원이다.

내가 가진 것으로

두 번째 인생을 살아 볼 수 있다면,

그건 이미 귀한 재능이다.

인생은 결국 나를 알아 가는 과정

인생은,
나를 알아 가는 과정이다.

이유를 알 수 없는 감정들에 휩싸이기도 하고,
체력이 떨어지면서 이전과는 다른 나를 보기도 한다.
문제가 아니었던 것이 문제가 되기도 하고,
과거에 얽매이기도 한다.

삶은 머물러 있는 것이 아니기에
우리는 달라지고 변화를 겪을 수밖에 없다.
내 안에서는 지금도 '신호'를 보내고 있다,
그 신호를 잘 읽으면 '현재의 나'를 잘 돌볼 수 있을 것이다.

나를 알아 가는 과정,
나만의 고유한 인생이다.

필사문

인생은 결국 나를 알아 가는 과정

삶은 머물러 있는 것이 아니기에

우리는 달라지고 변화를 겪을 수밖에 없다.

그 변화 속에서

이전과는 다른 나를 마주하고,

이유 없는 감정에 휩싸이기도 한다.

나를 알아 가는 과정,

그 자체가 인생이다.

어느 시기에나 열매는 있다

산에 오를 때는 힘들어 땅만 바라보기 급급하다.
등 뒤에 멋진 풍경이 펼쳐지는 것도 모르고
그저 오르는 것에만 열을 올린다.

하산하는 길에는 그 멋진 풍경을 내내 마주하며,
올라올 때는 미처 보지 못했던 아름다움을 대한다.
정상에 오르는 것이 다인 듯해도
그렇지 않다.

인생의 절정기가 끝났다면
이제야 비로소 인생의 아름다움을
제대로 느낄 때이다.
무엇이 소중하고
무엇이 귀한 가치인지 알고 사는 세상은
꽤나 낭만적이다.
인생은 그 어느 시기에나 열매가 있다.

필사문

어느 시기에나 열매는 있다

인생의 절정기가 끝났다면

이제야 비로소 진짜 아름다움을 느낄 시간이다.

무엇이 소중하고,

무엇이 귀한 가치인지 알게 된 지금.

인생은 그 어느 시기든

분명히 열매를 맺는다.

사력을 다해야 꽃을 피울 수 있다

나무를 옮겨 심어야 하는데
언제가 좋을까 물었더니
꽃 피기 전에 옮겨 심는 것이 좋다고 한다.
그래야 나무가 어떻게든 꽃을 피우려고 산다고.

나무는 다른 환경에 적응하는 것이 큰 스트레스지만,
꽃을 피우기 위해 사력을 다한다니,
꽃 한 송이도 우연은 없음이다.
나무의 숭고한 노력이다.

나에게 '꽃'은 무엇일까.

나무처럼 한자리에서 굳건히 잘 버텨 왔지만

어느 날 타의에 의해 또는 어쩔 수 없이

낯선 환경에 처해질 때

나도 나무처럼 나의 꽃을 피우기 위해

사력을 다해 볼 테다.

필사문

사력을 다해야 꽃을 피울 수 있다

꽃 피기 전에 옮겨 심는 것이 좋다고 했다.

그래야 나무가 어떻게든 꽃을 피우려고 산다고.

낯선 환경에 놓여도

끝내 꽃을 피우려 애쓰는 그 힘처럼,

나도, 지금 이 자리에서

내 꽃을 피우기 위해 사력을 다해야 한다.

알고 보면 다 이유가 있다

산나물 철이다.
나물이 지천이다.
된장에 참기름에 휘휘 조물조물 버무려 먹으면
산해진미 저리 가라다.

나물마다 고유의 맛이 다르다.
단맛, 짠맛, 쓴맛, 매운맛 다 있다.
높은 지대에서 나는 산나물은 맛이 쓰다.
쓴 게 약이라는데,
몸을 더 움직여야 캘 수 있으니 약이 맞다.

겨울철 집 안에 내리 웅크리고 있었으니
이제 몸 좀 움직이라고 산나물이 돋아나나 보다.
진귀한 산나물 한 상을 먹고 나니
자연이 약이다 싶다,
자연이 주는 선물인가 싶다.

 필사문

알고 보면 다 이유가 있다

쓴 게 약이라더니,

몸을 더 움직여야 캘 수 있는 나물은

정말 약이 맞다.

지천으로 돋아나는 산나물 한 상 앞에서

자연이 나에게 말을 건다.

움츠렸던 몸을 이제 좀 움직이라고.

생각이 많은 이유

생각이 너무 많으면 힘들다.
생각이 꼬리에 꼬리를 물고 늘어지면
일어나지 않은 일로 피폐해진다.

왜 이렇게 생각이 많을까.
차를 마시다 다도 선생님께 여쭸다.
생각이 끊이지 않는다고.
사람의 숨구멍은 8만 4천여 개,
그 숨구멍이 다 '생각'일 수 있다고 한다.

편안히 숨을 쉰다는 건 대단한 거다.
숨구멍이 생각으로 꽉 차 있으면
어디 숨구멍이라 할까.
그래서 들숨과 날숨에 집중해야 한다.
숨구멍이 진짜 숨구멍이 될 수 있게.

당신의 숨구멍은 안녕한가.

필사문

생각이 많은 이유

숨구멍이 생각으로 가득 차 있다면

그건 더 이상 숨구멍이 아닐지 모른다.

그래서 들숨과 날숨에 집중한다.

편안히 숨 쉬는 것은

생각보다 더 대단한 일이다.

| 4장 |

그럼에도 다시,
살아간다는 것

내 상처를 내보일 수 있다는 건

그녀는 관록의 유명 배우다.
그녀는 난소암 수술을 받았다.
그녀의 배에는 수술 자국이 뚜렷하다.
그녀는 무덤덤하게 주름진 배를 내보인다.

배우로서도 여자로서도 결코 쉽지 않은 일이다.
어떤 이유라도 있는 걸까.

"내 상처를 보고 같은 아픔에 처한 사람이
힘을 얻었으면 좋겠어요."
그녀는 자신과 같은 처지의 사람들에게 '동지'가 되고자 한다.

같은 길을 걸어가는 동지가 있다면
우리의 인생이 덜 무섭고, 덜 외로울 거다.
내 상처를 내보일 수 있다는 건
아픈 과정을 견뎌온 자신에 대한 사랑이다.
혹시 모르는 누군가에 대한 애정이다.

남을 위해 내 상처를 내보일 수 있다는 건
내 삶이 무르익고 있다는 뜻이리라.

필사문

내 상처를 내보일 수 있다는 건

내 상처를 내보일 수 있다는 건

아픈 과정을 견뎌온 자신에 대한 사랑이자,

같은 아픔을 겪는 이들에게 건네는 조용한 연대다.

배우로서도, 여자로서도 쉽지 않은 그 용기.

그러나 그녀는 말한다.

"내 상처를 보고 누군가 힘을 얻었으면 좋겠어요."

그녀의 주름진 배가 참 아름답다.

나는 점점 좋아지고 있다

"나는 점점 좋아지고 있다!"

이 말을 하루 스무 번 반복하면 삶이 바뀐다.
에밀 쿠에의 '자기암시법'이다.

당신은 평소에 어떤 말을 반복하는가.
살아온 세월이 길다고
살아가는 게 쉬워지는 건 아니다.
마음의 병, 육체의 병…

우리를 불안하게 하는 누적 요소들이 많기에
스스로 만드는 삶의 동력이 필요하다.

"나는 점점 좋아지고 있다!"
"나는 점점 좋아지고 있다!"
나를 힘들게 하는 것에 대해,
나를 아프게 하는 것에 대해
좋아지고 있다고 자기암시를 하며
한껏 좋아진 나를 상상해 보자.
삶의 동력을 일으키는 중요한 자원이 될 것이다.

필사문

나는 점점 좋아지고 있다

"나는 점점 좋아지고 있다!"

이 말을 스무 번 반복하면 삶이 바뀐다고 한다.

단순한 주문 같지만

어쩌면 가장 필요한 주문일지도 모른다.

살아온 세월이 길다고

사는 일이 쉬워지는 건 아니니까.

그래서 더 필요한 주문,

지금 이 순간에도 나를 살리는 말.

할 일이 많다

아무것도 할 일이 없을 때가
가장 많은 일을 할 때이다.

하고 싶은 일을 모르겠다면,
일단 아무거나 시작해 보자.
부담 없이 해 볼 수 있는 것들이 많다.

그러다 보면 내가 뭘 좋아하는지 알게 된다.
좋아하는 것이 생기면 파고들게 되고,
전문가가 되고,
좋아하는 걸 업으로 삼을 수도 있다.

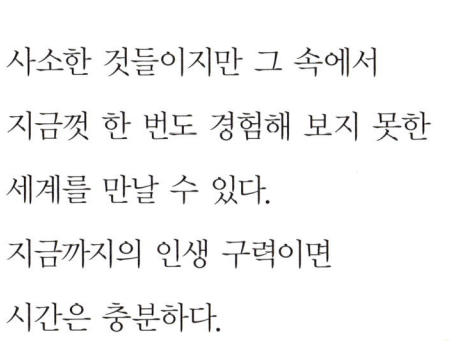

사소한 것들이지만 그 속에서
지금껏 한 번도 경험해 보지 못한
세계를 만날 수 있다.
지금까지의 인생 구력이면
시간은 충분하다.

필사문

할 일이 많다

아무것도 할 일이 없을 때가
가장 많은 일을 할 때이다.
무얼 좋아하는지도,
무얼 잘하는지도 모르겠다면
일단 아무거나 시작해 보자.
그 안에서 나를 만날 수 있다.
새로운 세계가 열릴지도 모른다.

나다운 인생을 살 수 있는 기회

나중에, 나중에,
숙제하듯 숨 가쁘게 살면서
언젠가는 오롯이 나에게 집중할 수 있는 시간이 오길 기대한다.

인생 숙제들을 얼추 끝내고 나니
이게 웬일인가.
예상치 못한 헛헛함과 공허함에 휘둘린다.
나만의 시간을 기다렸다 해도
선뜻 용기가 나지 않을 수 있다.
'나를 위해 살아 보지 못해서', '나 혼자 뭘 해 보지 않아서'
그래서 그럴 수 있다.

나를 위해 산다는 것!
다른 사람들과 출발점을 맞추지 않아도,
서두르지 않아도 된다.
지금의 당혹감을 충분히 받아들이고
하나씩 연습해 나가다 보면
온전히 익을 때가 올 것이다.

지금은 성장 중이다.

필사문

no

나다운 인생을 살 수 있는 기회

인생 숙제들을 얼추 끝내고 나니

이게 웬일인가.

헛헛함과 공허함이 먼저 밀려온다.

'나를 위해 살아 본 적 없어서',

'혼자서 뭘 해 본 적이 없어서'

선뜻 나를 향한 삶이 어색하다.

그래도 괜찮다.

지금은 나답게 익어가는 중이다.

우리는 외로움을 이길 고통이 있다

혼자여서 외로움이 크겠다고 걱정하는 소리에
"나는 외로움을 이길 고통이 있어!"
웃으며 말하는 그녀를 보며 가슴이 아려왔다.

인생은 종종 잔혹하리만큼 고통스럽고,
고통의 끝을 가늠할 수 없어 더 잔혹하다.

열흘 울었는데 보름은 못 울까!
보름 울었는데 한 달은 못 울까!

그래도 버티다 보면 끝은 있고,
올 것 같지 않던 좋은 날도 온다.

외로움을 이길 고통이 있다고
웃으며 초연히 이야기할 수 있는 날,
고통은 이미 떠났고,
외로움은 두려움이 아니리라.

필사문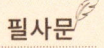

우리는 외로움을 이길 고통이 있다

"나는 외로움을 이길 고통이 있어!"

그녀의 웃음 섞인 말에 가슴이 아려왔다.

열흘 울었는데 보름은 못 울까!

보름 울었는데 한 달은 못 울까!

그렇게 버티다 보면

올 것 같지 않던 좋은 날도,

정말 오곤 한다.

밑도 있게 살면 된다

"아름다운 이 세상 소풍 끝내는 날,
가서, 아름다웠더라고 말하리라…"
천상병 시인의 시 〈귀천〉이다.
삶이 퍽퍽할 때 위로를 받는다.
인생이 소풍이라고 생각하면
마음이 한결 가벼워진다.

지금껏 소풍을 제대로 즐기지 못했다면
앞으로의 시간을 밀도 있게 쓰면 된다.
시간이 얼마 없다고 여겨지면
잠재력이 발휘되는 법이고,
더 농밀한 삶을 살 수 있다.

이 세상 소풍 끝내는 날,
뭐라고 말하고 싶은가.
그 바람대로 살아볼 때이다.

필사문

밀도 있게 살면 된다

"아름다운 이 세상 소풍 끝내는 날,

가서, 아름다웠더라고 말하리라…"

이 짧은 한 줄이

내 남은 시간을 다르게 만든다.

지금껏 소풍을 놓쳤다면

이제부터라도 밀도 있게 누려 보자.

인생의 끝자락이 더 아름다울 수 있다.

있음과 없음 중에

한때는 '이것'만 가지면 행복할 것 같다 했다.
그러나 막상 가지고 나면
또 다른 욕심이 생겨난다.

지금 가지고 있는 것을 보지 못하고
가지고 있지 않은 것만을 원하다 보면
늘 부족하고 모자랄 수밖에 없다.

있음과 없음!
무엇에 비중을 둘 것인가,
무엇에 집중을 할 것인가.

있음에 집중하다 보면
어라, 가진 게 있다.
어라, 할 수 있는 게 있다.
어라, 잘하는 것이 있다!

없는 걸 불평하다 좋은 날 다 보내는
우를 범하지 말자.
인생은 유한하다.

필사문

있음과 없음 중에

있음에 집중하다 보면

어라, 가진 게 있다.

어라, 할 수 있는 게 있다.

어라, 잘하는 것이 있다.

없는 것을 바라보다

소중한 하루를 놓치지 않으려면,

이미 내게 있는 것부터 바라봐야 한다.

작은 실패에 대한 용기

나이 들수록 실패가 두려워진다.
그래서 하고 싶은 일이 있어도
선뜻 용기가 나지 않는다.
도전도 어째 사치인 것 같아서 말이다.

'작은 실패'는 어떠한가.
큰 실패여서 내 삶이 전반적으로 요동친다면
감내하기도 회복하기도 어렵지만,
타격이 거의 없는 작은 실패라면
굳이 못 할 이유도 없지 않을까.

인생 절반쯤 지나면
성공할 가능성이 낮아지는 것도 맞고,
경쟁력이 떨어지는 것도 맞다.
그렇다고 아무것도 하지 않으면 어떤 기회도 오지 않는다.
작은 실패를 겪으며 새로운 가능성을 발견해야 한다.

작은 실패에 대한 용기면 된다.
내가 나에게 줄 수 있는 기회이다.

필사문

작은 실패에 대한 용기

작은 실패에 대한 용기면 된다.

타격은 작고, 배움은 크다.

아무것도 하지 않으면

기회도 오지 않는다.

지금 내가 나에게 줄 수 있는

가장 따뜻한 응원,

도전할 수 있는 마음 하나다.

멋있게 나이 든다는 건

멋있게 나이 들고 싶다.
멋있게 나이 든다는 건 어떤 것일까.
멋있는 사람이 되면 된다.

나이를 잊어야 한다.
나이에 갇혀 '못 해'가 많아지면 그럭저럭 살 수밖에 없다.

시간이 좀 걸리더라도
작은 성취감들이 작은 성공으로 이어지고
그러다 보면 계속 도전할 수 있다.

어울려 살아야 한다.
나이 들수록 젊은 세대와 어울려야 한다.
그래야 새로움을 배우고 삶의 탄력이 생긴다.
그러기 위해선 젊은 사람들과 수평적 관계를 지향해야겠다.
멋있는 사람이 되어 보자.

멋있게 나이 든다는 건

멋있게 나이 들고 싶다.

나이에 갇혀 '못 해'가 많아지면

그럭저럭 살게 된다.

시간이 좀 걸리더라도

작은 성취가 쌓이면

계속 도전할 수 있다.

그렇게 나이 들수록

멋있는 사람이 되어 보자.

절정의 순간으로 나아가는 중이다

인생이 처음부터 드넓은 바다였다면
바다가 주는 것들을 모를 뻔했다.

작은 도랑 거쳐 굽이진 개울을 흘러
개천에 모여 보고,
더 큰 강물에 이르러
바다까지 도착해 보니
바다의 깊이와 바다의 고요와 바다의 드넓음을
내면으로 느끼게 된다.

처음부터 성공하고,
처음부터 가지기만 했다면
바다를 만나는 '절정'의 순간은 없었을 것이다.
늦게 이르러도 괜찮다.
절정의 순간이 더 강렬할 것이기에.

필사문

절정의 순간으로 나아가는 중이다

인생이 처음부터 드넓은 바다였다면

바다가 주는 깊이와 고요를

미처 알지 못했을 것이다.

굽이진 개울을 지나

강을 따라 흘러와

지금, 나는 바다를 마주하고 있다.

늦게 도착했기에

절정의 순간이 더욱 벅차다.

이승과 저승을 오가노라면

저녁에 눈 감으면 '저승',
아침에 눈 뜨면 '이승'인가 한다.
거칠고, 야박하고, 냉혹한
인생살이를 거치며 삶과 죽음이 단순해진다.

언제 눈 감아도 아쉬울 것 없이,
아침에 눈 뜨는 것이 인생의 선물같이,
오늘을 산다는 것이
내 일평생을 통해 얻은 하루임을 명심하며

인생은

이 하루의 가치를 깨닫는 여정이었고,

언제나 찾아오는 날이 아님을 받아들이는 과정이었다.

반갑다, 오늘 아침!

'만족'이란 따뜻한 차 한 잔을 천천히 마셔 본다.

필사문

이승과 저승을 오가노라면

오늘 아침 눈을 뜨는 일이

인생의 선물처럼 느껴질 때가 있다.

언제 눈 감아도 아쉬움이 없도록,

이 하루를 조심히, 충실히 살아 내는 것.

그 하루가 쌓여

삶이 된다.

지금이 봄날이다

벚꽃이 만개했는데
날벼락처럼 우박이 쏟아졌다.
벚꽃은 망가졌지만
그래도 여전히 봄이다.

일 년 365일 중 흐린 날이 절반인 것처럼
인생에서 무탈하기만 한 날은 많지 않다.
날벼락 치는 속에서도
누군가는 다시 길을 찾는다.
간절함이다!
간절함은 다시 길 위에 서게 한다.

세상과 단절된 것 같아 살아갈 힘이 안 난다면,
어느 날 예상치 못한 날벼락을 맞은 것 같다면,
간절함으로 일어서면 된다.
지금이 봄날이다.

필사문

지금이 봄날이다

벚꽃은 망가졌지만

그래도 여전히 봄이다.

날벼락 같은 순간에도

다시 길을 찾는 사람이 있다.

간절함은 우리를 다시

봄날로 데려간다.

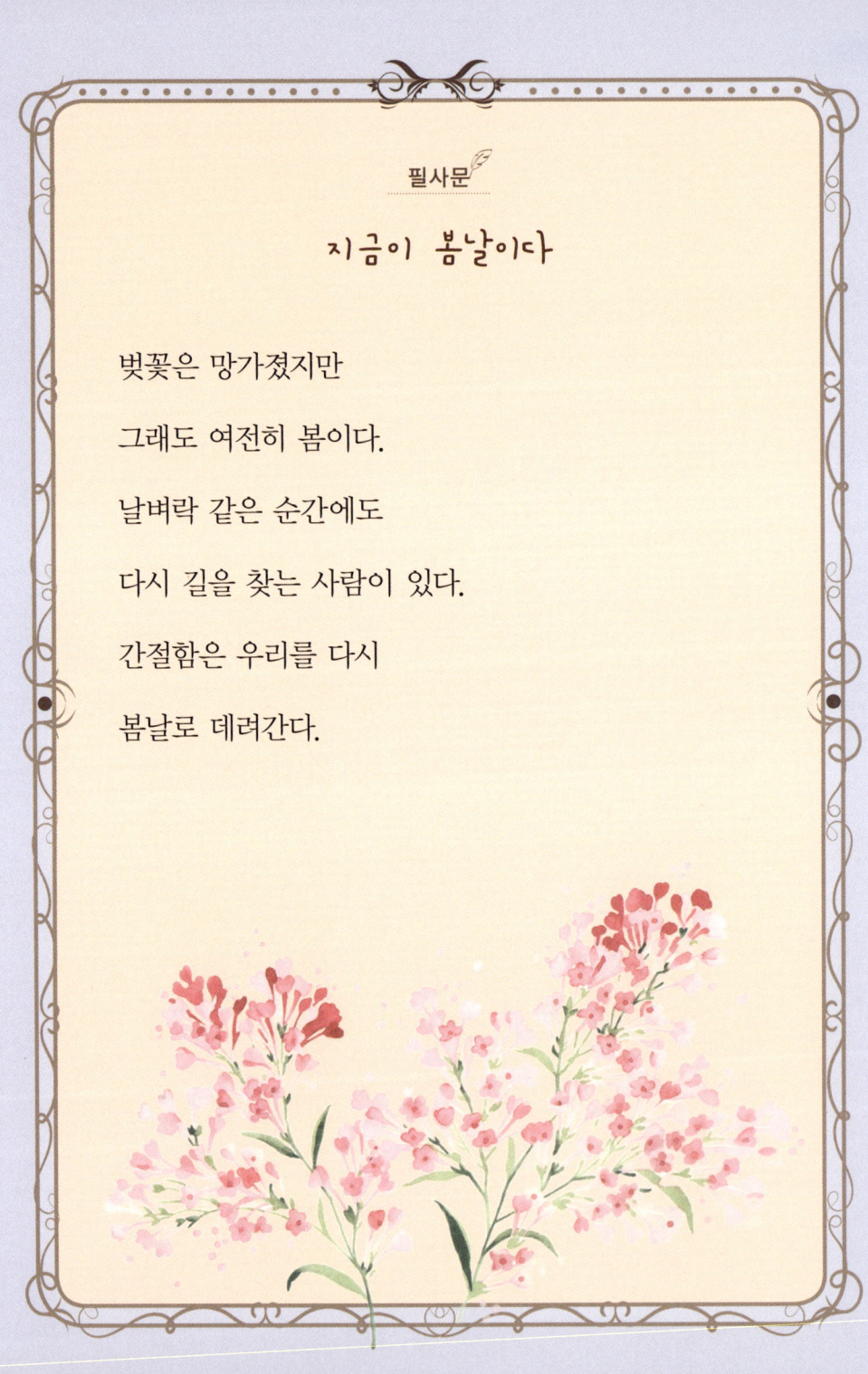

바람의 방향은 언제든 바뀔 수 있다

거대한 불길이 자신의 집을 덮치기 일보 직전,
망연자실 바라만 볼 수밖에 없을 때
일순간 바람의 방향이 바뀌면서
모든 것은 달라졌다고 했다.

바람의 방향은 언제든지 바뀔 수 있다.
바로 코앞에서
바로 문 앞에서
바람은 방향을 바꾸고 저 멀리 갈 수 있다.

사는 것도 그러하다.
언제 그랬냐는 듯 불행은 방향을 틀고
또 언제 그랬냐는 듯 불운도 순식간에 멎을 수 있다.
기적 같은 이야기는 우리 옆에 존재한다.

필사문

바람의 방향은 언제든 바뀔 수 있다

바람의 방향은 언제든지 바뀔 수 있다.

바로 코앞에서, 바로 문 앞에서

불길도 방향을 틀었듯,

사는 일도 그렇다.

불행은 멎고, 불운은 지나간다.

기적 같은 변화는 우리 곁에 있다.

글 오유선

28년 차 방송작가. 〈일요일 일요일 밤에-신동엽의 러브 하우스〉,
〈상상플러스〉, 〈살림 9단의 만물상〉, 〈절친노트 3〉, 〈애정통일 남남북녀〉,
〈리틀 포레스트〉, 〈박원숙의 같이 삽시다〉 등 다양한 프로그램을 통해
'사람'을 배우고, 그 '사람'을 통해 '인생'을 배우고 있는 중입니다.
지은 책으로는 에세이 일력 『다정한장』이 있습니다.